AF430558

Colección #45

«Fase Final»

★★★

Amaury González Reyes

OASIS & ALAMBIQUE

PUBLISHING

Published by:
OASIS & ALAMBIQUE PUBLISHING CORP.
Miami, Florida
(c) 2020 Amaury González Reyes
~Colección #45: "Fase Final"
ISBN-9798673162798

Esta colección #45 fue terminada en el mes de octubre del 2005, en
Miami.

RESUMEN:
Es la **Fase Final** de mi crisis encontrada desde un principio incierto,
Pero que ahora hallo la pista por fin de continuar.

DEDICATORIA:

- TE AMO DIOS; SIN TU AMOR NO SOY YO.
- MADRE, TE EXTRAÑO Y TE ADORO, ERES MI TODO.
- PADRE, TE NECESITO, AUNQUE LA DISTANCIA SE IN-
  TERPONGA.
- HERMANO, LA VIDA ES NUESTRA Y ES NUESTRA LA
  HERMANDAD.
- A MIS DOS PEQUEÑOS Y BELLOS HIJOS, SON AHORA
  LA RAZÓN MAS GRANDE DE MI EXISTIR.
- A OASIS, A MI RECINTO AMOROSO Y AL ENCUENTRO
  INFINITO DE DOS ALMAS REENCARNADAS; A TI TE DE-
  BO CASI TODO LO QUE SOY. TE AMO.
- A LAS AMISTADES Y FAMILIARES, UN ABRAZO Y UN
  HASTA SIEMPRE.

POSDATA:
Que venga siempre la columna de estas letras;
Que no falte una gota en la musa para crear;
Que se levanten los muertos adjetivos para hablar;
Que no lloren más los amores por la decepción.

TÍTULOS

1- <u>YO PUEDO AYUDARTE</u>

Yo puedo encallarme en tu planeta Corazón
y plantarte mi bandera de libertad.
Yo puedo recoger todas las piedras que te tiraron
los pecadores que tanto pecaron.

Yo puedo parar los Metros londinenses para darte vía
a un paraíso terrícola y afortunado.
Yo puedo venderte el poder para que aniquiles el miedo
y te conviertas en una súper especie humana.

Yo puedo ayudarte a crecer en el polvo
y te contraten en Hollywood.
Yo puedo hacer contigo lo que ni tú mismo puedes,
yo te doy la satisfacción de escucharte.

Yo puedo ayudarte a escalar las montañas del Himalaya,
que navegues al centro de la tierra sin problemas.
Yo puedo escribirle una carta a Dios para que te ame
y tú no tengas que rezar todos los días.

Yo puedo ayudarte a cambiar tu vida con mi voz,
para que no se te olvide que existes sino hablas.
Yo puedo hacerte volar tan alto que nunca te caerías,
con las mismas alas que voló Lennon.

Yo puedo ayudarte a que te metas un tiro si te miento,
a que entiendas esto que te leo por caridad.
Yo puedo ayudarte a que te conozcas tú mismo sin pudor,
arrancándote el pellejo del que se te cosió.

Y yo puedo ayudarte sobre todo a volverte loco,
en este mundo que vive en su recta terminal.

2- <u>LOS CHAPUZAS</u>

Nosotros éramos «Los Chapuzas»
que supuestamente construíamos;
pero resulta ser que destruíamos
y en vez de armar, hacíamos escaramuzas.

Que desnudas estaban las musas
que parecen que se mudan;
cuando las palas son razas que no sudan,
cuando trabajan «Los chapuzas».

Las palabras no conocen el curro;
ni mi amigo gallego, el jefe y la dueña;
que por ser alemana no sueña
y quería hacer de cada empleado un burro.

3- <u>ADICTO, POR TU VICIO AMOROSO</u>

Mi lengua saturada de decirte "te quiero"
y el mosquitero es un niño callado;
porque estoy enamorado y ciego,
ya que besarte es el fuego y la cosquilla,
que desprendió mi costilla para hacerte.

Por ti, ya no soy el amo de mi amor
y tú, la flor que se deshoja al sol;
mi español es muy malo si soy bueno
y bajo el sereno yo puedo vivir,
sobre tu calor acostado.

Tienes la manía que estando a tu lado
entierras los días en mis poros,
por darme tu cuerpo de tesoro
y clavarme tus labios como puñal,
entre oreja y oreja para hacerme erizar.

Es tu vicio amoroso
el oficio que gesticulas con el manoseo,
y me modificas como Proteo con tus manos;
yo, el hombre que cambió su nombre
por refugiarse en la hoguera de tu piel.

Mi provincia son tus caderas,
mi viaje es la manera de tu ser;
nunca tuve otra mujer como tú.
Ya parezco un indio zulú
designado a tu amor de tarea.

Escarlata la espuma de tu silencio,
yo soy el gato y tú la gata
que irrumpe en el pasatiempo que nos ata;
mientras, me acuesto en medio del mareo
entre el techo y el piso de tu meneo.

Adicto a tu desenfreno que estreno
cada vez que te encimas a mi puerta,
tan abierta para ti, que me hace adicto;
es el motivo que tengo para descansar vivo,
como un loco en tu forma de ver, el verbo amar.

4- <u>DE TUS POSIBILIDADES PARA CONMIGO</u>

Es mermelada tu saliva,
es dinero tu cuerpo,
bendito el que esté en tu sueño.
Yo vendo todas las propiedades de mi vida
por convertirme en tu dueño.

Es depresión tropical tu voz
para alborotar mi oído;
locura, saberte desnuda en el tiempo.
Nadie sería más rico que poseer tu esplendor
y encarcelarlo sin contratiempo.

No hay mejor dictadura
que ser tu esclavo;
y en tus senos están mis pupilas.
El Mediterráneo no tiene el placer de tu aventura,
con tu piel al aire en sus orillas.

De tus posibilidades para conmigo
son tantas como que te posibilito,
lo que más te convenga para entregarte.
Yo quisiera además cabalgar por tu ombligo
aunque sea de alfiler para tocarte.

Es una escuela conocerte,
un manantial tu dulzura,
de tus posibilidades para conmigo es eternidad.
No espero la roja en el semáforo del amor para quererte,
porque ya en ti, habita mi felicidad.

5- <u>UN EXPERIMENTO QUISE SER</u>

Un experimento quise ser y lo fui;
lo primero que hice fue convertirme en bohemio,
luego en Marco Polo para visitar los polos
y hacerme amigo de un armenio.

Un bistec encontré para abastecerme,
un libro de filosofía que no mentía a mis ojos,
fue lo que tardó en llegar el vicio a someterme;
mientras que poco a poco me subieron los glóbulos rojos.

Un experimento quise ser del mundo y sus pesadillas;
ingrato guardián de estocadas sin fondos en lo hondo
de los corazones que quieren amar con pastillas,
pero me aprisioné en la red del ser y en ella me escondo.

No tuve bacilos de herencia para utilizar,
no rompí piñatas cuando niño ni estudié computación;
experimenté en el arte de amarte a ti sin cesar
y seleccioné las ballenas libres y llenas de mi estación.

Yo quise ser un experimento, tal vez gracia o maravilla;
no puedo confesar ahora con claridad mi verdad.
Yo soñaba en la playa, enredado en una toalla a la orilla;
yo vestía todos los días mi ilusión de irrealidad.

Construí con deseos puentes y fuentes de sueños,
buscaba más de un puerto para desembarcar y triunfar;
y no pude más que despertarme en un océano dueño
de náufragas y cargadas inquietudes al despertar.

6- <u>SI TENGO RAZÓN, TE COMO EL CORAZÓN</u>

Si tengo razón, te como el corazón,
te invento un aparato para trepar
desde el suelo hasta el cielo.

Si tengo razón, te saco del rincón,
donde escondes tus complejos,
donde lejos de verte, te daña el espejo.

Si tengo razón, te como el corazón,
te apadrino como el tío al sobrino,
como las huellas del camino.

Si tengo razón, te como el corazón, Negra,
te podo como una flor,
te cuido como una azucena, con todo mi amor.

Si tengo razón, te llevo a Plutón,
te embarco a las Islas Vírgenes en avión,
te recopilo en cada canción.

Si tengo razón, te como, Corazón;
no hay espacio entre el deseo y quererte,
yo soy el que cabe en tus ojos al verte.

Si tengo razón, te como el corazón,
te ruego que seas mi reina,
que el alma te peina con su emoción.

Si tengo razón, te amaría eternamente,
con todo mi corazón…

7- <u>DESGAJADA SOBRE MI ALMA</u>

Amapola sideral, que cae tu blancura sobre mi pecho,
has descendido desde el techo de mi vida,
para caerme encima regándome con tu aliento,
los únicos momentos que tengo,
para arrebatarme la ida del amor,
que había en mi pensamiento.

Solitaria estrella del universo carnal en mi adentro,
te has postulado en el centro de mi corazón con tu iluminación;
espiral de las maravillas del mundo donde yo entro,
vendiendo tu licorería al sabor de este amor,
al cual soy el probador, cuando te encuentro.

Princesa sin reino en mi propia tierra que destierra,
a toda la que no seas tú, y se desgaja sobre mi alma;
caes piedra sobre piedra de las pisadas de una perra,
que hallé moribunda en el hueco de una palma,
pero mi pasión fue tal, que siempre me hierra.

Aventurera de una imagen improvisada de aquel semblante;
errante soy, cuando bebo tu cuerpo en el pecado,
con tanto deseo me inspiro, en lo que miro de ti
en cada instante, que acumulo el presente
para el pasado y el futuro lo cargo, por lo de amante.

Desgajada sobre mi alma como en una novela,
me he convertido en el centinela de tu existencia;
tu broche de noche se ha convertido como la luz de una vela,
en cueros la oscuridad que radias es una experiencia
que, para vestirme, no necesitas tela.

Ladrona de mi piel en los cimientos de la ternura,
es mi locura quererte tanto y mientras tanto;
prosigo trotando en el ritmo de tus caderas sin censura,
ya no sé cuánto me cuestas, ¿cuánto?
Pero, mientras tanto, sigo echado sobre tu espesura…

8- <u>SI YO FUERA TU PEZ</u>

Si lloviera y el agua te trajera
yo sería ese pez que verías,
en tu pecera.

Si lloviera y el agua te trajera
te amaría por siempre,
hasta que muera.

Soy un pez en sequía
porque estás en la lejanía,
fuera de mis labios y fantasías.

Soy un pez que te extraña
y en tu mar no se baña,
porque le escondes tu playa.

Soy un pez que te quiere
pero tu anzuelo lo hiere,
y por tu carnada se muere.

Si yo fuera tu pez
siempre estaría en tu red,
y mojado en tu agua a la vez.

9- <u>TU DIBUJO LUEGO DE LOS TRAGOS</u>

No sé si fueron los tragos
de aquella noche,
pero tan bella te vi
que no olvido tu nombre.

No sé por qué me pasan
estas cosas raras,
yo que ni te conozco
hoy pienso en ti.

La vida nos da regalos diferentes
como este, -cuando te vi entre la gente-;
con dos copas en mi cabeza
y todavía recuerdo tu belleza.

La vida te presentó ante mis ojos
y, sin embargo, no me dijo quién eras;
ahora dibujo tus labios rojos
y tus hermosas siluetas en las escaleras.

10- <u>SI PUDIERA LO QUE YA NO PUEDO</u>

Si pudiera coger la que va al lado de mi carro,
yo la agarro y luego la apretara tan fuerte
hasta que me amara.
Si yo pudiera me postulara para presidente,
de todos los delincuentes que habitan en la política;
porque política es la mística de la hipocresía
y el bandolerismo que es comunismo y socialismo ruso,
que fue el que le puso al cinismo el nombre de patriotismo.
Si yo pudiera anduviera por Nueva York en un Metro,
me fuera al centro de la tierra en bici y me llevaría a Sissy
montada en el caballo delantero con su minifalda.
Si yo pudiera me volvería camello para andar por Arabia
o tal vez canguro por Australia,
mientras me acuesto con Amalia.

Si yo pudiera hacer lo que ya no puedo
haría noches para los días y días para las noches,
dependiendo de mi conveniencia,
de la claridad y los reproches.
Si yo pudiera bajara el alza de la gasolina,
les compraría golosinas
a todos los niños hambrientos del mundo,
me endeudaría por los vagabundos
y haría huevos de oro para cada gallina.
Si yo pudiera lo que ya no puedo,
no debo de callarlo porque al decirlo por lo menos lo hago;
hago lo que puedo y lo que quisiera a mi manera,
yo desato lo que ato en mis pensamientos de esta Era
aunque me arrebato a cada momento.

Si yo pudiera me convirtiera en ángel o arcángel,
pero ya no puedo porque nací humano con fallas,
un hombre que caza las toallas en la playa y sus rayas;
el que abusa de sus ojos en la fijación constante de las rajas
que usan las fajas bien bajas del ombligo, y me hacen testigo
del desafío de los deseos carnales, es todo lo que consigo.
Si yo pudiera lo que ya no puedo,
se lo cedo a lo que sí puedo y veré lo que seré;
aunque sea en pijamas viejo, con nietos y encanecido,
lo importante es ser lo que puedes ser en este instante,
ya esto es bastante, aunque esté envejecido.

11- <u>UN PARTIDO REPUBLICANO</u>

Yo quiero encuentro entre la conciencia
y las bisuterías de la magia de amar.
Deseo descubrir los pecados capitales,
leerme en el libro de la vida el VIVIR.

Yo quiero tener adentro de mí
un partido republicano que represente mis ideales;
un nido de cuervos custodios de mi decencia
y la ignorancia ponerla a dieta por varios meses.

Un partido republicano en el amor,
desnudarla cuando quiera, quemarla con mis dedos;
besarla hasta hartarla con mi vicio salival
y olvidarme después que le hice el amor.

Lleno del senado de la patria donde estás,
no importa la carretera ni la magia de escuchar;
negociarte la risa y ganarle a la pasión,
el sosiego que impuso la legislatura el punto final.

Un partido republicano es lo que debo ser,
mercancía en las palabras e impuestos justos;
mentiras piadosas que no tienen fines malignos
cuando las dices o las escribes sobre el papel.

12- ¡GLORIA A TU DESNUDEZ!

Verte despierto, es un embeleso
que a mis ansias palpita;
por un botón te empiezo
a quitarte la ropita.

Soñarte, como te viera
cuando no exista tu ropaje;
serás otoño y no primavera
al caerse tu traje.

Rezarte, como una virgen
de pie y postulado;
controlar los deseos que rigen
estando a tu lado.

Admirarte de una vez, toda desnuda
como la Maja, como la Luna;
dejar la impresión muda
y amarte como a ninguna.

Yo retiro, a todo el mundo
sólo por estar a tus pies;
y gritarte desde lo más profundo:
¡Gloria a tu Desnudez!

13- <u>CON UN PEDAZO DE PAZ</u>

Ahora no soy el que dice
ni el que tampoco maldice,
la preocupación de un huracán.
No soy el culpable de la picada del alacrán
ni del aumento de población.
Yo no he donado un riñón
porque aún no me he muerto.
No tengo yate porque no tengo puerto
ni león porque no tengo jaula.
Ya hace años que no voy a un aula
pero, sin embargo, en la calle aprendo.
De vez en cuando una flor desprendo
para regalarse a mi esposa;
porque de esa forma la vida es hermosa
dando y recibiendo un pedazo de paz.
Ya la tierra casi esta sin faz
con tantos desastres anormales,
que son cientos de terremotos semanales
y nunca se acaba de terminar.
Ya no existen las impúberes en el altar
ni un día mejor que el sábado;
que si la paz has logrado
ensuélvela en un pedazo de eternidad.
Si creyera en la felicidad
sería pacíficamente como un largo camino,
cargando la continuidad del destino
mutilando las esperanzas y siendo real.
Con armonía no concibo el Mal
ni quisiera perturbación a mi alrededor;
desearía un pequeño mundo lleno de amor,
una constancia sagrada para sentir,
un apetito inmaculado que no me haga morir.
Con un pedazo de paz un niño ríe,
un desconfiado tal vez se fíe
y la reina del universo desista de serlo;
ya que todos nos vemos iguales al verlo.
Navegar en la serenidad es un triunfo celestial
y no conseguirlo ni vivirlo es fatal.

Pongamos un pedazo de paz en nuestro corazón,
vibremos al ser pacíficos con mucha pasión.
Recordemos que la fibra espiritual va a toda voz
en la unión cordial de la fe, que está en Dios.

14- <u>PROSA DE MI VIDA AHORA</u>

Si riego mi cuaderno en el terreno de la puntualidad, me muero de la fiebre de correr tarde y me gusta el nerviosismo… A veces la quería y otras la mataba, me daba igual un homenaje que un velorio, pero el cuento se acabó. La risa conlleva al llanto o viceversa, total, que así es la vida; cumples lo que hay que cumplir: los años, la cárcel, la escuela, el trabajo y al final te mueres siendo un títere de todos, porque nunca pudiste hacer realmente lo que te dio la gana.

Ahora dirijo mi propio barco de la desvergüenza que no me importa, me diré todo lo que me quiero decir por gilipollas, por necio, en cueros sin nadie, oscuro sin oscuridad y absurdo sin turno. Rompo los pedazos de cristales que se me encajan en la existencia, meneando la magia del deseo de expresar la falta de comunicación. Hoy es Rita, ayer fue Katrina, mañana será Patricia o tal vez un viento que traen los europeos cuando se bajan a buscar patrias y mujeres; mientras, sigo enhebrando mi vida entre letras por diversión.

Cuento el episodio de la columna vertebral de mi diario, tan rico que solamente ofrece cosas sin importancias y ratos locos; una baraja que es mi ficha vivida, lo que pasa con Madonna y Bush… No hay mejor pordiosero que un periodista en medio de Berlín, buscando respuestas que nunca le hicieron preguntas ni las violaron. Me concentro en mi vida del momento arrancándola del pasado; me parece cómoda y una bobada el comentario de la economía cuando ya han vaciado los bancos de la pobreza mundial.

Historia del muchacho chino de las capitales recorridas, un mulato anhelo de hallar su bendición en un Dios cercano a Júpiter. Yo era cazador de escopetas que no tiraban, y de faldas amaestradas a la búsqueda de decir fácilmente que sí a los hombres tímidos como yo. No tuve la cantidad suficiente de neuronas como para estudiar tanto, pero me confesé en un confesionario donde no había ningún cura y mis deudas fueron absueltas y mis pecados consumados. Y por piedad a la Virgen me puse de castigo tres Padres Nuestros.

Creo que ya dije mi sentencia en esta hoja enormemente escrita, conté una parte que sale de mi diccionario poético, de mi pala y fusil; ya no desayuno croquetas ni me meto en tantos líos, pero invento, los instantes de callarme en el canto y de reírme si no hay risas. Egoísta se ha quedado lo que no quiso salir de mi tinta. Negros son los mejores colores del alma frustrada de incomodidad. Ya fabrica una porcelana la mentira para hacerla lucir de hierro; al final es una baratija barata que se desbarata de tocarla, y así vivo yo.

15- <u>DESCARRIADA MI ESENCIA</u>

Recostado en el balance de mi sala,
donde las alas
del consuelo,
se han caído al suelo.

Me comienzo a ver por fuera
como un examen del que yo era,
y ahora no soy el de ayer.

He perdido la moral
y eso me hace fatal;
me veo ávaro y malicioso
dentro de un círculo vicioso,
al cual yo no pertenecía.

Ha pasado tanto desde aquel día
cuando pobremente partía;
noble, honrado,
consagrado en mi destino,
por un ideal camino
que todos mis parientes veían;
que ni siquiera me daba un trago de vino
y andaba tranquilo.

Hoy gasto más de un kilo
y tengo malversaciones de pensamientos,
que arruinan mis momentos sanos,
que antes eran tan humanos.

Ya siento que está descarriada mi esencia,
de aquel chiquillo callado y resistente,
de aquel muchacho presente
que escuchaba y no charlatán,
se ha quedado una presencia vacía.

16- <u>MASTURBACIÓN</u>

Yo me masturbaba pensando en ella,
mientras me la imaginaba con un solo vello,
en la entrada de la vagina por un error
invisible del rasurado.

Yo me masturbaba con su desnudez imaginaria,
padecía de una fe veterinaria, aunque era un animal;
me sabía tan mal al verla perfecta y no poderla tener,
que nunca he encontrado como a ella otra mujer.

Su pelo negro caído sobre sus hombros
y yo con mucho cuidado de pisar los escombros;
que iba rompiendo para que nadie me viera detrás,
del muro que me ha hecho la masturbación para el futuro.

Me mataba cuando me masturbaba por ella,
la veía más clara que una estrella en la noche.
Estaba retraída sin el reproche cuando se dice «No»
y se me daba con la facilidad de una recién casada.

Ahí mismo la observaba, a veces ella encima y yo abajo
y viceversa, el trabajo y le gritaba dale, dale, dale…
Luego se colocaba en punto exacto de mis ojos
con sus palmas al suelo que me llevaban al cielo.

Yo descubría en sus pezones el paraíso
y me volvía loco como las razones de un hechizo.
No tenía que llamarla, pues siempre estaba allí
donde la miraba y masturbaba.

La masturbación es el vicio de mi musa,
es el claro de un vidrio acabado de limpiar;
porque cada vez que me pude masturbar,
llegué hasta las nubes sin avión.

17- <u>SI ES QUE TE VAS</u>

La madre Teresa ya no rezaría
porque te vas;
la Virgen María ya no lo es
porque te vas;
se han ido los siete enanitos
porque te vas;
ya no tengo amigos
porque te vas;
no veo la tele ni duermo
porque te vas;
el mundo que era ya no lo es
porque te vas;
ha emigrado mi apetito a otro lugar
porque te vas;
el perro y el gato se han largado
porque te vas;
el silencio desolado me regresó
porque te vas;
estoy más solo que nunca
porque te vas.

Ahora te digo este letrero bromista
si es que te vas;
porque me duele si llega tu partida,
tú faltas aquí;
eres más necesaria que el techo
de mi propia casa;
me demolerías con tu salida el Ser
si es que te vas;
yo no tendré fuerzas para escribirte esto
si es que te vas;
pasarán muchos años para amar de nuevo
si es que te vas;
no quiero despertarte esta intención
para que no te vayas;
ya no deseo decirte más de lo que pienso
por si te vas;
porque anhelo seguir amaneciendo
abrazado contigo;
pero le pondré tres velas a la Eternidad
para que jamás te vayas…

18- <u>VERSÍCULO DE UN TRONCO</u>

Él nunca quiso triunfar
en la Colonia de su propia cosecha;
se sentía inquieto e impaciente de las respuestas.

El «sí» tiene cara de espanto cuando se busca,
y duele más que las muelas al llegar la verdad.

Él no conoce del dolor cuando se mete,
entre los huesos del talento y se escapa.

Hablo de aquel que no supo valorar su aptitud
y regaló a la nada lo que puedo haber sido su todo;
él no quiere ser el que es y juega con la mentira
mientras se tira la gloria por el barranco,
de las sucias negociaciones que dirigen este mundo.

¿Para qué quiere el mudo, boca?
Si no la usa cuando debe de usarla;
así está él que lo tiene todo, para no estar en la nada.

No procesa la sustancia gris ni blanca para funcionar,
su capacidad de elevar edificios llenos de por cientos.
¡Qué lástima al desperdiciar su trabajo!

Hay grandes árboles que tienen copos pequeños
y éste es el caso de este hombre;
que pertenece a la familia forestal
pero, que solamente, es el versículo de un tronco.

19- <u>SI TE TRAJERA AQUÍ</u>

Yo ya no busco los detalles,
ni en otras cinturas tus talles;
ahora tampoco quisiera que me vieras,
imaginando en la vecina tus caderas.
Yo aquí te trajera para rentarte en este colchón
donde rompo el corazón,
con tragos a quemarropa
recordando mis viajes por Europa
y sin ti…

Si te trajera aquí,
me compraría un Volkswagen nuevo para mejorar;
te haría una cirugía de estos años que no te tuve
para retratarte,
apodarte en la magia por haber desperdiciado
tu amor casero y virtual.
Me falta la sazón de tu cocina,
las deudas de pagar cuando puedas;
el camión y la bicicleta, la visa
y tu semblante diario al despertarme.
No cambio el desarrollo de tu cuerpo desnudo
por el desarrollo científico;
ni me mudo a otro mundo si no tengo la certeza
que vayas tú en dos siglos.
No he hallado la dama
que me lleve a la cama
como lo hacías allá,
sin traje de dormir y con aquella locura
de sentir la cura
en mis manos;
que tal vez, me fui, es cierto;
pero aún no estoy muerto
y todavía te quiero
y puede ser que cada día que pasa te espero,
hasta que llegue mi ciudadanía;
en el mismo sitio donde quedó tu ombligo
para que me derrita contigo,
otra vez.

Si te trajera aquí,
te regalo mis tarjetas de crédito,
mi barco de papel, mi soledad;
te diera además el pan
que no me como porque me engordo por ahí,
por el abdomen.
Tomaría de nuevo el microbús,
para poderte sacar a la luz de esta ciudad;
por eso hoy ocultaré tu nombre,
mentiré diciéndote que soy el mismo hombre,
prepararé un hotel con una habitación en el tejado
y un cielo estrellado.
Podré entonces reconocer que aún vivo,
que por tu existir sobrevivo;
porque yo le llamo vivir a lo que venga de tu espacio,
y al dinero la hoguera
que lanza tu candidez cuando me abrazas,
cuando muerdes esto
que me remuerde…
Has pasado tu sabor a través del tiempo a mi recuerdo,
me has canalizado
con el regalo de tu vientre y tu pelo primaveral enredado
en mis sueños,
y mantengo esa esencia tuya que tengo
para llevármela hasta la muerte;
te excavaría la tierra para darte la buena suerte
de tenerte aquí.
Te trajera en las pulseras de mi reloj,
en las fichas del dominó, en mi televisor portátil;
tú serías la octava maravilla de este universo,
cada verso de mis poemas;
por ti se acabaría cada uno de los problemas
y si me quedo a tu lado, es un teorema.

Si te trajera aquí,
andaría a pie y descalzo por los montes de este país,
me iría remontando cañadas y volcando los volcanes que,
como tu fuego, disfruté sus vapores.
Si te trajera hasta esta vida que llevo,
yo te entrego lo que poseo y hasta el dedo
que mató a Proteo,

por tal de reunirme con tus células,
con tu piel desmantelada,
con tu propiedad privada de vellos pubianos;
por tus besos te trajera,
no por tu madre,
ni tampoco por tu padre,
solamente por tus pechos
descubiertos a los hechos
que me han hecho trascender estos años,
recordando nuestro amor, juntos, desde novios
hasta empapados en el baño;
por todo esto que digo,
yo te trajera hasta aquí…

20- <u>NO ME LA QUITAS Y TE LA MANDO</u>

Si la quieres, aquí te la envío,
yo terminé con ella;
no necesito a una que tiene desvío
por otra falda como aquella.

Si la quieres, aquí te va
tal y como está ahora;
enredada con aquella que le da
las sensaciones de su misma aurora.

Yo nada puedo hacer,
no me la quitas y te la mando;
no quiere hombres sino a otra mujer,
se nos ha cambiado de bando.

Luchamos por su clítoris tú y yo,
y trasnochamos cientos de veces en los bares;
y mira qué fácil otra se la llevó,
para que la acompañara por los siete mares.

Por eso, ya no me la quitas,
por voluntad propia te la regalo;
y lejos de ser enemigos, somos margaritas
que nunca supieron de lo malo.

21- <u>NEGOCIO ES LARGARSE</u>

Esta poesía no es por sus huevos,
ni el canto de mi llanto es por sus huesos.
Tengo un ramo de flores
que se las regalo por dos gramos de sudor;
que me la imagino si fuera real
envuelta en mis sábanas solamente por una noche.

Yo solo con ella desabrochándole el broche
y humedeciéndole lo que me daría si pudiera;
no por hombría ni por machismo, aunque me guste;
es por la naturaleza y aberraciones de otros tíos
que no tienen nada que ver con lo mío;
que tienen los vicios de follar el ocio de este negocio;
aunque sea negocio largarse, "me gustaría menearme
por un segundo detrás de su trasero", dijo aquel mesero.

Se ve toda sexy, pelo largo facciones femeninas
pero le falta lo que otras tienen para introducir…
Transparente la quisiera ver, pero no puedo,
porque no debo tocar lo que no se debe amar;
he apostado con un amigo que, en lugar del ombligo,
tiene un hoyito improvisado para satisfacer a cualquiera
que se crea que es una dama y no un caballero;
y luego se la lleva a la cama cualquier portero…
En una foto de revista, bien vestida y esplendorosa,
pero no le toques la cosa que te sorprenderá.

Me he metido en el pellejo del socio de mi socio,
que le ocurrió este incidente y el negocio es largarse;
cuando el caso es evidente y no tienes seguridad
aunque te confunda a simple vista la identidad…
Se abstiene uno con las dudas porque cuando se desnuda,
es difícil que no la hayas besado y manchado tu moral,
que para el único que es fatal, es para ti mismo,
que a nadie le importa lo que hagas con tu sexualismo.

Este tipo de mujer es un pobre transexual,
que le hace un ritual a un iluso sexual que no sabe;
que el mundo no cabe en la vagina de tu mente…
El cuidado es descuido del que se cree que lo que brilla es oro,

y no un toro disfrazado de yegua, que por clavarte
no tiene tregua por lo de nada perder, luego de trascender
de un género a otro género, sin tan siquiera
obteniendo el placer de mujer.

22- <u>SE CREÍA EL DUEÑO DEL MUNDO</u>

La puerta de un bar abierta,
la tasca está punto de cerrar;
un mostrador que no dice nada,
pero todos están a punto de partir.
Él entra con dos revólveres colgantes
en su cintura estrecha;
tres palabras: una con grito,
dos que no se entienden
y nadie le ofrece atención.
¡Arriba! ¡Qué les queda poco de vida!
Grosero y gordo, feo y calvo;
nunca le había escupido la cara la beldad.

El negocio que abría un árabe,
él se lo cerraba con la arrogancia;
tarde de sueños cobardes
para lanzarse al cuello de la pasión.
Nadie lo quiere ver
si no le pasa bola a nadie
y no le importa nada;
ávaro de la soledad y la furia de amanecer
acostado entre un banco
que se encuentra embarcado
en un parque retirado del pueblo.

Barrabás, como lo nombran todos
por su cruel aspecto a desgracia;
negro destornillado de la vida inquieta
y la sonrisa de quererse por ahí.
Un abandonado de la risa
de aquéllos que lo pudieran amar,
pero él no se deja;
que le desean la muerte los sapos
que pisotea sin escrúpulos sólo por su gusto,
mientras su familia que al reconocerlo
lo ignora y le huye por puerco.

Se creía el dueño del mundo
montado en su burro tuerto y resabioso,
pateaba más que el pobre animal
cuando se emburraba por sus caprichos.
Hoy nada lo necesita, ahora nadie lo espera
no más que la maldad y desencanto;
un Ser que no tiene patria para dormir
ni suelo para sembrar y que está mutilado;
así se queda postulado
para la historia negativa de haber vivido.

23- <u>ESTOY FUERA DE MIS CONTORNOS</u>

En el romance no me va tan mal,
sólo que me cuesta trabajo llegarle abajo
al pozo que le llaman el gozo para gozar.

Este pomo de leche y esta comida que me como,
es parte de esta jodida vida que vivo activo
y pendiente de no perder, lo que guardo en la mente.

Yo ya lo sé que estoy fuera de mis contornos,
que volé, que me esfumé de la cordura para habitar
tras las rejas de la locura y de ilusiones viejas.

Hay que decir lo que tenemos que oír sin callar;
escribir lo que hay que leer sin pretender olvidar
que el remedio es el medio de disimular la realidad.

Peinando las canas de las ganas que nos quedan,
me recuerdo que estoy fuera de los cabales carnales
y ya son fatales los contornos de mis ideales.

Nada como la madrugada después de cien cervezas,
la resaca sobre la almohada y el olor a alcohol como la caca,
dejando de herencia la esencia del dolor de cabeza.

Lo justifico y lo testifico que poco me queda de mis límites,
me fugo hasta donde el jugo de la imaginación no puede llegar
para encallarme allí, dentro del centro de este loco universo.

24- <u>VIVIR EN UN MUNDO ASÍ</u>

Es duro vivir en un mundo así, un mundo que no puedes opinar por la censura; es duro este mundo sin voluntad y lleno de maldad.

Ayer era Guillermo Tell, hoy es Bill Gate y mis sueños que no encuentran donde soñar lo que he soñado por ahí. Un Titanic hundido, una película por verse, un pobre arrastrando cadenas para llegar a la meta. Las noticias nacionales y las internacionales también son factorías de las que producen tanto que no se venden.

Vivir en un mundo así, es una triste poesía para los corazones que tienen fe. Ahora las tetas son las propagandas más comerciales y los centros penitenciarios no tienen problemas de drogadicción.

Yo vivo aquí con todos, sumergido en un plano elevado de perdido, que no hallo el camino que tenga el rumbo de acabar. Mi tesoro está náufrago en una Isla que jamás existió para enterrarlo; pero qué puedo hacer cuando el destino se escribe él mismo y lo responde un Dios que no es el que debe y nos quiere.

Pronto llegará otro barco cargado de desesperanzas y te regalas, los regalos que nadie quiere comprar en la tienda de la ilusión. Es muy duro vivir en un mundo así, no tiene cura lo que para cualquiera es la sanidad. Un verso en Budapest sabe como una Paella en Japón, NASA es la cinta suspensa de la comedia americana que no sabemos; un marciano es alguien que espía mientras dormimos el sueño de nunca terminar en lo que soñamos. ¡Es tan difícil vivir en un mundo así!

25- <u>MI VISIÓN DISCRIMINA</u>

Me quito la venda de mi ojo izquierdo
y descubro que lo que veo está ciego;
en la calle lo que gano es lo que pierdo
cuando apuesto a la suerte y me la juego.

Censuro la hipocresía de ser hipócrita
negando lo que no quiero conseguir;
y escribo la hoja que ya está escrita
para sentirme bien al volverla escribir.

Me callo viendo una espalda desnuda
que aporta una bella dama moderna;
y aunque mi alma la ve, se queda muda
mirando que también, enseña una pierna.

Aquí un gitano que ha nacido gitano
no se le concede el derecho de vivir;
olvidando que es como nuestro hermano
porque adonde está, él no eligió venir.

Muerto de la risa aparezco en Liberia
y la pobreza es una categoría mundial;
el hambre sin agua y pan es muy seria
y abrir mis dos ojos, es caos fatal…

26- <u>LA FORTUNA DEBAJO DE TU ROPA</u>

La fortuna debajo de tu ropa es viajar
con millones por Europa,
morderte la boca,
es beberse dos copas
de vino escocés
con un entremés…
Besarte es fugarse hasta tus pies,
cambiarte mi lengua por la tuya,
hacerte bulla,
invitarte a pasar un verano en tu cintura,
escaparse por tu pantalón
hasta arribar en una cama en Plutón,
encenderse en la llama de tu mirada
por el Gran Cañón.

La fortuna debajo de tu ropa
es el cielo de tus senos espesos de blancura,
perder mi dentadura
diciéndote cosas más hermosas
que las Siete Maravillas,
construirte una villa
donde no llegue más que mis labios,
olvidarse de los agravios
y desnudarte
como el premio que tengo al conquistarte,
embalsarte como Diosa
al ser tan poderosa,
que me quedo envuelto en tus poros
al ser tú, todo mi oro.

La fortuna debajo de tu ropa
es un aliento que provoca
esculpirte conmigo,
dibujarme tu ombligo
en mi corazón,
un coito es vivir contigo;
que muerto soy
porque estoy tuerto
cuando te veo desnuda ante mí,
eres mi emperatriz

reinando los palacios de mi calma,
en ti,
yo encuentro mi alma rendida por ti,
un beso que me deja tu sexo
al llegar al proceso
que ocasionó nuestro suceso.

La fortuna debajo de tu ropa
es la alegría
que emana esta poesía,
es por lo que creía,
es mi sueño dorado el negro de tus ojos,
la escasez de tus defectos,
de tu talle perfecto,
la historia al deslizarme por tu pelo
es la gloria de la satisfacción,
mi cráter en la luna,
mi única fortuna,
mi espacio para crear hijos,
para poner el prefijo
en la conjugación,
de este montón
de delirios
que me ha portado la magia de tu olor a lirios.

La fortuna debajo de tu ropa
y en Madrid me tomo otra copa,
te compro más ropa,
te llevo de nuevo por toda Europa,
desvestida de oropel
con tus palabras en el papel;
yo te sigo comiendo la boca
al son que tus manos me tocan,
te busco, te rebusco,
te retoco, te contrato
para marcar el trato
de asilarme en tu Isla entre pierna y pierna,
que es tan tierna
la dulzura de tu tierra,
que sembraría por siempre mi esperanza allí.

27- <u>TÚ Y YO NUNCA ACABARÍAMOS</u>

El cuento de nunca acabarse
es el invento de no acordarse,
cuando al acostarse
con alguien
que no debíamos acostarnos,
nos volvemos acostar,
para acabar
lo que nunca acabamos.

Así estamos tú y yo,
en lo que nunca acabaríamos,
que soy un ingrato
y tú una necesitada,
que me tiras la toalla,
que te regalo una rosa,
que luego te pones furiosa
mostrándome la cosa
para nunca acabar de finalizar.

Te has puesto mentirosa,
por último, celosa,
que no te importa mi esposa
y luego sí;
no quiero seguir así,
entre una ex y mi mujer,
pero me quieres querer
y yo soy hombre
y tú otra de las mujeres,
que dan placer.

28- <u>DIEZ ACTOS</u>

Acto primero de un mundo que le falta la crema y la losa;
a mí me falta la fosa y me descrema la vida en Baldad.

Acto segundo de mi historia sin olvido y sin gloria;
no me importa la victoria de Pakistán y el sonido del Islán.

Acto tercero de mi tía que se prostituía por un poco de dinero;
que ya no hay propina para un mesero ni regalos por Navidad.

Acto cuarto de una viuda que se desnuda en el cuarto del difunto;
tal vez, alguien le ha puesto el punto donde va el que ya no está.

Acto quinto donde se ve la corrupción alcanzando la moral;
el corazón ha perdido el sitial para que coloquen el éxtasis mortal.

Acto sexto que habla del sexo de los hombres en busca del punto G;
y las mujeres desesperadas en busca de un orgasmo alcanzar.

Acto séptimo que se observan los Campos Elíseos en pleno desierto;
porque Francia perdió la fragancia luego de este vendaval.

Acto octavo dedicado a la política que crítica y nada resuelve;
yo creo en lo que cree el Papa y vivo por lo que hay que rezar.

Acto noveno se ve que se va de la casa una chica embarazada;
su hijo ya no lleva la misma raza que tiene su aposento maternal.

Acto décimo es la muralla que esconde muros como el de Berlín;
se ha dicho lo que se ha dicho y hecho entender lo hay que escuchar.

29- <u>SINCRONÍA DE UN SUEÑO DESPIERTO</u>

Embalsamaría mis huesos por tal que me los chuparas;
escondería mis virtudes al amar
por tal que me las descubrieras;
aparecería disfrazado de tu galán por tal que me besaras;
robaría toda el agua del mundo para que me bebieras.

Yo cristalizara los segundos cuando te veo
para quedarme contigo;
yo apagaría todo el fuego del universo
para que vengas a buscar mi calor;
yo desapareciera todos los autos
para que sólo en el mío montaras;
yo quisiera el dolor de muelas
y que seas tú la que me anestesiara.

Yo sé que sueño despierto por tus piernas y tu ombligo,
por clavarte un pellizco de cariño debajo de tu falda;
yo sé que no tengo impedimento por soñarte
que es la única manera, para apoderarme de tus entrañas.

Yo sueño despierto porque no me cuesta nada,
solamente colocar mi cabeza sobre la almohada;
verte recostada en mi hombro como una sombra
que me mira y me persigue, pero que no existe.

30- <u>MI CARRERA POR TI</u>

Ya paren los aguacates toneladas de monedas;
mis ilusiones de marino son nulas porque te quiero.
Una locura es la moda de mi venta a las cuatro de la tarde
porque lo que gano, es para mantener tu amor.

Siete pares de zapatos he gastado en mi carrera por ti,
me he jugado el pellejo en todos los rincones del sentir;
para aliarme a la meseta de tus caderas para vivir allí,
ahora me quedo en la vanguardia de seguirte hasta la muerte.

No hay huracán más veloz que mis piernas para envolverte en
mi ser;
no hay torbellino más intenso que mi literatura por tu dulzura.
Yo corro más de lo que puedo para estar arriba de tu cuerpo
y jamás bajarme de tu alma en esta larga carrera por ti.

He contado uno por uno los postes del camino
para que nadie me diga que es nada lo que te cuento;
yo por ti iría más allá de las vías cósmicas y de los astros side-
rales,
solamente para no perderte nunca de vista.

Andaré hasta que la felicidad sea nuestro universo;
hasta que la tierra se gaste de tanto pisarla por mi carrera por
ti;
no bastará la vida para perseguirte con mi cariño
y la gente será poca para contar la historia, ¡nuestra historia de
amor!

31- <u>MI MELANCOLÍA ME MATA</u>

No hay acordeón melodioso
que toque los acordes de mi decepción,
ni lluvia que caiga de arriba que alegre mi vida.

Recojo notas en esta antigua libreta
y se va de gira en mis botas,
los desvanes de mi ira en busca de una cueva
para ocultarse del Sol.

Es mi melancolía la parte posterior
de mi arte empañado por el dolor,
de querer un barco mundial
cargado de plasmas felices y de no hallar nada.

Lloro mucho sobre mi almohada
al ritmo de un Blue esta melancolía;
espera lo que espero, me dijo un día el tiempo
y se fue adonde no sé…
¡Qué risa trae el alma ajena!

Cuando tú mismo eres la condena
de la sonrisa que se torna hipócrita,
y envenena las alas de un rito.

Es sufrir melancólicamente y a poquito
la fiesta que se empieza en el interior;
yo no aporto a mi melancolía
mis ansias y alegrías viejas;
no quiero ponerme ahora las rejas
de quererme sólo cuando caiga la aurora.

Mi melancolía es la angustia mustia
de obligar el sentimiento a que me ame;
es imposible tocar un cable conectado
mientras pisas un charco de agua a la misma vez;
así es mi melancolía fluyendo por mi cuerpo.

Moría la existencia mientras viajaba,
dormía la locura mientras se cura el loco;
pero jamás se irá de mis huesos
esta melancolía apegada a mi ser.

32- <u>DE TODO MENOS MAS UNO</u>

Aventúrate en mi silencio
de no poderte decir lo que quiero;
no me ocultes tu presencia
porque verte es mi anhelo.

En cueros me inclino ante ti
para rezarte si es preciso;
pedirte de frente a tu figura
el deseo que tengo por un beso.

De todo menos más uno
es lo que tienes que darme;
inclinarte sobre tus pies y pedirme
el abrazo de mis ojos rotos.

33- <u>¿QUÉ BUSCAS TÚ?</u>

¿Qué buscas tú? Escritor;
Tú, moribundo y triunfador.

¿Qué buscas tú? Señor;
Tú, mundano, bruno soñador.

¿Qué buscas tú? Esclavo de tu pluma;
qué nunca rompas la suma.

¿Qué buscas tú? Loco perdido;
recuerda las pajas de tu nido.

¿Qué buscas tú? Ilustre y psicópata;
tu voluntad desprevenida te arrebata.

¿Qué buscas tú? Mediocre del aire;
no sigas apuntando cada desaire.

34- <u>YO SÓLO NO TE AMO, YO TE NECESITO...</u>

Yo sólo no te amo, yo te necesito…
La jungla no es verde sin el agua,
igual que yo sin ti no próspero,
mi vida se pierde, tu oasis es mi esmero.

Yo sólo no te amo, yo te necesito…
Ser tuyo no significa posesión sino cariño,
el único amor que ha tenido este pececito
se lo has dado tú, como madre a su niño.

Yo sólo no te amo, yo te necesito…
Y poquito a poquito amarte fue metamorfosis;
acostarme junto a ti y acariciarte noche a noche,
han llegado miles de elementos sin un reproche.

Yo sólo no te amo, yo te necesito…

35- <u>QUE...</u>

Que caiga ahora mi bendición sobre tu redención;
que auguren tu felicidad a través de mis besos;
que alimenten tu soledad con mi ausencia;
que aparezcan los que te quieren con mi paz.

Que se recoja cada pétalo de rosa que te he dado;
que se compren millones de armarios para tus cosas;
que no se olvide la esquina de mis flirteos contigo;
que se siembre por siempre las intenciones de mi corazón.

Que se cuente la historia de dos enamorados con su victoria;
que no se rinda nadie de amar cuando lean esto;
que no se siente el mundo a descansar para que se ame;
que no se pierdan los versos que he hecho para tu poesía.

Que no se esconda la cama que ha servido con honor;
que no se excomulgue la tierra de mis zapatos por ti;
que bendiga el cielo que nos ha visto abrazados en la noche;
que se quiera más que nunca la vida que se vive en pareja.

Que no nos cierren las puertas del amor que están abiertas;
que vengan las estrellas a iluminarnos de verdad;
que jamás se castiguen los que se aprecian mutuamente;
que se entierre en tus pupilas mi cariño eterno por pasión.

Que la economía nos haga reír y no separarnos con deudas;
que puedas entre mis brazos volar como gaviota libre;
que encuentres a mi lado los sueños más esperados;
que el viento sea el causante de llevarme tu perfume.

Que aquí no culmine la descripción eterna de tu ser;
que se conjugue en tus cabellos los días de mi destino;
que la conquista infinita sea parte de tu augurio por mí;
que sea interminable tu gusto por mi compañía...

36- <u>ESTA CIUDAD EXTRAÑA</u>

Aquí los pajarillos no me hablan,
siento decaimiento en el alma;
soy de los poetas que aclaman,
soy de los señores que callan.

Habito en esta ciudad extraña,
me falta la cultura de ser;
a veces tiembla la voz ingrata
y olvido la amargura del té.

Aquí no habitan los mendigos
ni aquellos montes coloreados;
ya no puedo aprender del individuo
que no aporta con sencillez.

Es extraña esta ciudad sin ella,
me congela la falla de su calor;
también protesta la marea
que no es la misma con otro ritmo.

El asilo de este pueblo peregrino
se convierte en otro mundo;
mi gente es la gente de otros
y mis sueños son los sueños rotos.

La propiedad de un amigo
es la impaciencia nula;
y esta rara ciudad es castigo
tan diferente, a nuestra cuna.

Aquí ya no se reúnen los tíos
que jugaban al fútbol dominical;
por eso siento que lloro si río,
cuando estoy en esta extraña ciudad.

37- <u>LA ZETA</u>

Estoy como la zeta
de último en el alfabeto;
así estoy yo en tu corazón.
Estoy como la zeta
que nunca sirve para nada,
ni la cuentan en las cuentas
porque nunca se llega al final,
y además la pronuncian como las eses.

Soy la zeta de tu vida
que no tiene la más misma oportunidad;
sólo soy una gente más que conoces
en el abecedario de tus conocidos.
Soy la zeta de tus pretendientes anulados,
el último de tu fila que no aplican
para llenar tu amor de fantasías.

La zeta del Zorro soy,
cuando a tu lado aparezco y te hago una pirueta;
y tú te ríes de mis payasadas sin compromiso.
Una zeta sin libreta ni alfabeto,
alguien que está en un repertorio visual
que tú ni siquiera sabes que existe para amarte.

Una zeta hago a las insinuaciones
que te pongo de carnada en las palabras;
pero no funciona para la almohada
de mi solitaria cama.

La zeta es lo que soy en tu existencia,
la zeta de un idioma que no suena;
la zeta española sólo suena en un país.

La zeta..., ese soy yo para tu vida.

38- <u>LA CALLE DEL OLVIDO</u>

Habita en la avenida del Abandono,
sobre la calle del Olvido;
ya no juega ajedrez ni teje con su cono,
lo que le daba él, se le ha ido.

Se asía a la cara y a la cruz,
no le importa donde vaya la marea;
y si su vida cae en la oscuridad busca la luz,
aunque el agradecimiento nunca lo vea.

Ella vive en la calle del Olvido,
ha estado con más amantes que pelos encima;
en su historia mundana no se ha cohibido,
ni de las condiciones del clima.

Recoge telegramas que le llevan a la cama
y anuncia una noticia que sepa;
si le falta fondos en algún telegrama,
ahí, en la misma pared se trepa.

Se ha olvidado del mundo y en vano reconoce,
se reí de lo que se le viene;
nadie apuesta a ella si la conoce
y disimulan todos, de donde proviene.

El número de su puerta ya está borrado,
el timbre roto de transeúntes por accidente;
su vejez no se hace esperar en lo trasnochado,
ni sus arrogas en la frente.

Ahora han pasado los años
y ella, se ha quedado en la calle del Olvido;
con el derroche celebra su cumpleaños
de aquel amor inútil, que ha perdido.

39- <u>CONTÉ CONTIGO</u>

Conté contigo para vivir,
conté contigo para seguir
y de nada resultó,
mi inútil intención.

Quise que me siguieras
adonde yo fuera;
pero tus pasos no siguieron
mis deseos de poseerte.

Y obstáculos pusieron,
todos los que no sabían de amor;
ahora mírame envuelto en soledad,
llorando porque no estás.

Y mi mundo se reparte
entre sufrimientos y amarte;
cuando sientas que te falta el aire,
es porque la justicia te invade.

Conté contigo para sentir,
conté contigo para sobrevivir;
pero nunca quisiste prometerte
a la misma suerte.

Conté contigo para ser feliz
y de nada me sirvió…
Ni el mundo ni cada día gris,
que tus sueños me adornaron.

40- <u>AMOR OPUESTO</u>

Contra la marea de mi proa deseosa de ti, vago loco por ti;
contra las ráfagas más fuertes del viento voy hacia ti.
Tú me amaste, lo sé…, pero lo reconozco muy tarde;
ahora estoy en el lado opuesto de mis recuerdos contigo,
y recordarte solamente me cocina más al estar sin ti.
Estás en una punta, tal vez, estés en el oeste y yo por el este;
mis deseos y sentimientos son una dirección distinta a tu ruta.
¿Dónde estarás y qué harás? Yo no lo sé… Sigo mudo sin ti.

Como el sur y el norte estamos opuestos el uno del otro;
tú continúas haciendo lo que debes y yo sólo pensando en ti.
Somos cielo y mar, cada uno en su lugar, ni idea de tu vida;
¡cómo te peinas, te alimentas bien, te casaste y tienes hijos!
Barco a la deriva, enfermedad sin cura, vivo sin saber de ti,
es lo que llevo de consuelo y ves, ¡qué consuelo tengo por ti!

La luna pregunta por ti y le pregunto a ella también sobre ti,
y ninguno sabemos dónde está tu estancia planetaria.
Aun vives, lo sé, porque vives adentro de mí y sobran razones,
para presentir que estás viviendo a tu manera sin mí.
No importa tus puntos cardinales, ni patria, ni bandera;
igual eres amor opuesto a la corriente del destino, y me niegas
la posibilidad de tocarte o de almorzar a tu lado los domingos.

El Internet me sirve para buscar las noticias de aquí y de allá;
la televisión me informa de las cosas que pasan en general
y, sin embargo, no me provee tu sustancia para amar tanto
a la estructura de tu cuerpo, y a la parte interior de tu alma,
como hago siempre por ti, a cada paso que doy en mi camino.

41- <u>YO SÍ VOY A VERTE, TIERRA</u>

Triste, tal vez, como años atrás;
yo voy a verte, a no reclamarte
porque a pesar de todo, tú eres mi Mamá;
mirarte de cerca, besarte, tocarte y amarte.

Patria de dulzura agria en el destierro;
no he muerto, quizás por fuera,
pero mi vida es la de un perro
que ha vivido errante en su Era.

"Tirano", fea palabra para abrir una puerta
y el valor para que se abra, es sólo salir,
mientras mi alma es una mar abierta
y mis ojos son corazones que laten por ti.

Verte, sabor de este amor incomparable
que ya no cesa desde la partida de mis pies;
si tuve fuerzas en tus brazos amables
para irme como cobarde, yo a ti volveré.

Yo sí voy a verte, sin rencores me tomarás;
me abrazarás en tus tibios senos
como nadie lo ha hecho, y como nadie lo hará;
porque tu esencia no es un signo de menos.

Voy a verte, digno, humillado y dolido,
voy hacia a ti por la ruta de la verdad.
Te quiero, te amo, te adoro y me he ido,
pero sufriendo porque me falta tu libertad.

Yo sí voy a verte, a hablar con mi gente,
a inhalar tus costas, a vivirte como estás;
no es venerarte simplemente,
donde en tu suelo necesito tanto la paz.

Lloras, como una rama lechosa cortada
y contigo lloro yo, partido entre dos;
tú tienes todo lo que soy por encrucijada,
soy mitad Abel y Caín, soy Edén y Dios.

Yo sí voy a verte, mi tierra linda y tan mía,
porque mi sustancia nació en la tuya;
yo no quiero perderte, tu ternura es mi armonía
cuando en mi silencio, tu canto me arrulla.

42- <u>ENFERMA, ERES UNA ENFERMA…</u>

Con tu escote descotado
hasta el borde de tus senos;
tus pechos andariegos
son el juego de los dedos,
de los tantos hombres
que son medicina para tu sexo.

Tus gritos derrumban
la vitrina de todos los mitos;
liberas la adrenalina por los poros,
cocaína son tus caderas altas y en cueros,
que son las faltas de los porteros,
cada vez que te ven pasar como tarsanita
y entre copas toda enferma.

El sudor de los muchos ratos
por ti utilizados en la cama,
te han llevado a la fama
de poder llenar una piscina;
y no es que sea malo amar
a los varones cuando los pones,
en la encrucijada de madrugadas:
desnudos, castrados y sordomudos.

Enferma, eres una enferma sin medida
que se mete en la vida ajena;
una depravada que se chupa la pena
entre las piernas de los demás.

Quizás, arrogante el macho que aprovechas
cuando se le acaban las fechas,
y los febreros con los catorces de cada año;
te montas en un río de estaño para derretir
con tu empeño una pieza de la jeringuilla,
como enfermera que enseña la herida
que le has abierto a todas las costillas.

Enferma, eres una enferma.

43- <u>CAPÍTULO DE MI MUSA</u>

Con la espuma de los aguaceros
lavo mi reputación;
con el trino de los arrieros
alimento la canción.

Con la piñata de mi cumpleaños
ayudo a los niños;
con la pastoría de los rebaños
abono a esos armiños.

Con las runas de la escuela
aprendo a vivir;
con la mentira de la novela
sólo sueño en morir.

Con la palma de tu mano veo el sur
para buscar el Norte;
con la desconfianza nunca fui tahúr
para mantener mi porte.

Con la negación he sido sincero
diciendo al hombre;
con la muerte jamás soy pendenciero
porque trae su nombre.

Con las pupilas gastadas de mirar
no me canso de ser;
con la digna pasión de no ir a matar
me siento florecer.

Con la ballena soy contendiente
porque fallece pura;
con la madre útil soy independiente
dándole ternura.

Con la musa de mis problemas
hago un calendario;
con las cosas que paso hago teoremas
y uso mi propio abecedario.

44- <u>AQUELLOS DÍAS DE TU AMOR</u>

Quién no va a acordarse de aquellos días,
cuando en aquel bosque, tú me poseías.

Quién no va a acordarse de los días grises
y de nuestros primos, cazando perdices.

Y es que todo pasa como el viento invernal,
hasta los besos furtivos que te daba en el portal.

Me acuerdo de aquellos días del autobús,
yendo de tu escuela hasta un rincón sin luz.

Nadie se acuerda de cómo la pasábamos allí;
tú y yo abrazados, entre el canto del colibrí.

Aquellos días de tu amor son un filme clásico;
te encierro en mi mente como un deseo básico.

Nada me hace olvidar lo que todos olvidan,
porque entre tus recuerdos, mis sueños se avivan.

Te desnudo de nuevo con todo el respeto,
me resulta imposible dejar tu cuerpo sin peto.

Nada me obliga a despojarme de tu sexo ardiente,
ni de aquellos días, donde éramos dueños del ambiente.

45- <u>DESPARRAMA TU CATEGORÍA DE POETA</u>

No hay viento ni gitana
que me ponga más ganas que mi poesía;
transcurre cada día
y mis sueños son las metas de mi alma poeta.
Desparramo mi categoría de poeta,
se me alimenta la existencia
lo mismo que comiendo una fritada
que pensando como Quijote…
El mundo tiene en su barba y bigote
las canas de la avaricia;
al mundo le hace falta una caricia,
una risa llena de brisa suave
donde la materia cabe en un bolsillo
y el espíritu no es el cruel caudillo,
por silencioso y apartado que sea,
es una marea que no se embravece.

Desparrama tu categoría también de poeta,
levanta las manos y los ojos,
pinta la conciencia de rojo
e ilumina los bardos con sus mismas esencias;
no desprendas lo que ya tienes dentro,
en tu paz hay un centro bello
que le pone bondad al destello de lo sagrado
y escogido por nuestro asido.

Somos planetarios como los piscis y los acuarios,
como los curdos y los viles,
que no existen absurdos más absurdos
que nuestras mentes hábiles de vivir;
regresa a tu trono donde fuiste
y para lo que fuiste hecho,
bajo tu techo de gloria
que, en el trecho de la victoria,
pierden más de los que ganan, en la verde historia.

Desparrama tu categoría de poeta, como yo,
como la mariposa que dibuja poesías;
encuentra en la vida la fantasía
de crecer y volar sin alas, pero con el alma,

conquista su cenit en la sombra de una palma,
vive en la rutina del quehacer,
destierra la locura que se clava en la parte,
que añora la ternura de tu arte.

Despierta lo dormido de tu pecho,
aclara la verdad de tu felicidad muda
y descollad, la piel desnuda del que nunca llega
y nunca se calla en la oscuridad;
no se niega al pobre, ni al que mal obre,
avanza a la libertad, halla tu tranquilidad;
negocia la facilidad de los encuentros con Dios,
no diciendo adiós a la serenidad.

Zurce el cosmos con la boleta
de las notas en la escuela,
escueta va la herramienta del poeta diseñado
para crear la foto del amor enamorado
y cuenta la necesidad;
no reprendas la venta de tus ideales,
desparrama cada drama de tu visión
que eso no es televisión,
ni asunto del sujeto presunto,
que no entiende del corazón.

Comienza por Israel, por aquel que estuvo en la tierra infiel
y se llamaba Ismael;
rectifica tu sociedad, aniquila la venganza
y aumenta la alianza entre los suegros,
no discrimines a los negros,
ni abuses de doncellas,
ni te enamores de las estrellas,
juega con toda tu poesía al juego
de los arcángeles celestiales
como un dulce ruego.

Baja tu temperamento desparramando
tu categoría de poeta que no es olor a violeta,
ni color de rosa la fama gloriosa de amanecer,
con un cuerpo desconocido en tu cama.

Mujer y hombre, hombre y mujer; desparrama tu musa
con el poder de crear y amar;
no utilices de excusa la maravilla que brilla en tu ser:
para matar y degenerar.